ELLE SERAIT LA

PREMIÈRE PHRASE DE

MON PROCHAIN ROMAN

SHE WOULD BE THE

FIRST SENTENCE OF

MY NEXT NOVEL

Nicole Brossard

**SHE WOULD BE THE
FIRST SENTENCE OF
MY NEXT NOVEL**

**ELLE SERAIT LA
PREMIÈRE PHRASE DE
MON PROCHAIN ROMAN**

Traductrice —
Susanne de Lotbinière-Harwood
— Translator

THE MERCURY PRESS

The publisher gratefully acknowledges the financial assistance of the Canada Council for the Arts and the Ontario Arts Council, and further acknowledges the financial support of the Government of Canada through the Book Publishing Industry Development Program for our publishing activities. / Cet ouvrage a été subventionné par le Conseil des Arts du Canada, par le Conseil des Arts de l'Ontario.

PAGE 145: sample translation page by Susanne de Lotbinière-Harwood

Edited by Beverley Daurio

Cover design by Gordon Robertson

Composition and page design by TASK

Printed and bound in Canada   1 2 3 4 5   02 01 00 99 98

CANADIAN CATALOGUING IN PUBLICATION
Brossard, Nicole, 1943-
She would be the first sentence of my next novel = Elle serait la première phrase de mon prochain roman   Text in English and French.   ISBN 1-55128-057-4   1. Brossard, Nicole, 1943- -Authorship. 2. Fiction–Authorship. I. Lotbinière-Harwood, Susanne de. II. Title: Elle serait la première phrase de mon prochain roman. III. Title.
PS8503.R7Z53 1998   C843'.54   C98-932196-7E
PQ3919.2.B76Z477 1998

DONNÉES DE CATALOGAGE AVANT PUBLICATION (CANADA)
Brossard, Nicole, 1943-
She would be the first sentence of my next novel = Elle serait la première phrase de mon prochain roman   Texte en anglais et en français.   ISBN 1-55128-057-4   1. Brossard, Nicole, 1943- -Paternité littéraire. 2. Roman–Art d'écrire. I. Lotbinière-Harwood, Susanne de. II. Titre: Elle serait la première phrase de mon prochain roman. III. Titre.
PS8503.R7Z53 1998   C843'.54   C98-932196-7F
PQ3919.2.B76Z477 1998

The Mercury Press   Toronto, Canada   M6P 2A7

SHE WOULD BE THE

FIRST SENTENCE OF

MY NEXT NOVEL

ELLE SERAIT LA

PREMIÉRE PHRASE DE

MON PROCHAIN ROMAN

Il y avait maintenant plus d'un an qu'elle songeait à son prochain roman. Le roman s'organiserait autour de ce qui, maintenant énigmatique en elle, se déploierait dans quelques mois majestueusement comme une longue métaphore de vie ou cruellement au rythme de la conscience qui ne laisserait rien au hasard. Elle aimait cet état précurseur de dimension nouvelle, état qui la rendait vulnérable mais qui toujours s'affirmait comme un signe d'espoir. Signe certain que tout ce qu'elle avait vécu, pensé ou lu allait avoir une suite et que, dans l'espace inédit du prochain roman, elle parviendrait peut-être à percer quelque secret de la condition humaine, resté indéchiffrable jusqu'à ce jour. Pour le moment, il y avait une euphorie sans récit, une myriade d'images qui valaient mille récits, qui voilaient le récit. Chaque fois qu'un élément de récit était sur le point de prendre forme, elle laissait faire un instant la forme, puis si la forme se transformait en un sujet, alors elle notait non pas le sujet mais comment la forme s'était transformée.

She had been thinking about her next novel for over a year. The novel would take shape around that which, though presently enigmatic inside her, would unfold in a few months, majestically like a long metaphor of life or cruelly, to the rhythm of consciousness that would leave nothing to chance. She loved this state signalling a new dimension, this state that made her vulnerable but asserted itself always as a sign of hope. A sure sign that everything she had lived, thought or read would carry forward and that, in the uncharted space of the next novel, she might succeed in piercing some secret of the human condition which had so far remained indecipherable. For the moment, there was euphoria without story, myriad images worth a thousand stories, masking the story. Whenever an element of story was about to take shape, she would momentarily let it be and, if it transformed into a subject, she would then make note not of the subject, but of how the form had transformed.

Ainsi le sujet de son prochain roman pouvait-il lui échapper pendant des mois, obsédant et inaccessible. Sujet qui lui semblait toujours proche et lointain comme l'empreinte visuelle d'un monde à rattraper, enfoui dans le nombre effarant des permutations sémantiques, perdu dans l'immensité de l'espace et de l'espèce, monde infiniment précieux que la conscience allait tenter de réinsérer dans le langage ou d'en imaginer le versant inédit.

The subject of her next novel could escape her for months, haunting and inaccessible. A subject that seemed always so close and so far away, like the visual imprint of an elusive world, buried in the stunning number of semantic permutations, lost in the immensity of space and of the species, an infinitely precious world that consciousness would try to reinsert into language or whose uncharted side it would attempt to imagine.

Depuis la parution de son dernier roman *Le Désert mauve*,[i] livre dans lequel elle avait consenti à plus de descriptions, avait pris le temps d'aimer ses personnages, de leur donner une identité et de les entourer d'un paysage, elle semblait s'être réconciliée avec la prose, à tout le moins, lui accordait plus de respect. Car bien qu'elle eût publié six romans, elle avait toujours manifesté un certain refus du romanesque. Elle répétait à qui voulait l'entendre qu'elle n'appréciait guère la facture et la fonction de la plupart des romans, car elle les associait à de petites confidences ayant pour effet de perpétuer la médiocrité linéaire du quotidien. Dans son esprit, roman et prose étaient issus et produits d'une mentalité bourgeoise, certes propice à susciter intrigues, drames et imbroglios, mais surtout bavarde et sans audace. Quand elle donnait des conférences, elle prenait toujours la peine de préciser que ses romans étaient des anti-romans, non pas que son intention première fût de les produire ainsi, mais tout simplement parce qu'en cours d'écriture elle se saisissait des mots de manière à ce qu'ils supplantent en importance

Ever since the publication of her last novel, *Mauve Desert*,[i] a book in which she had agreed to more descriptions, where she had taken the time to love her characters, to give them identities and to set them into a landscape, she seemed reconciled with prose or, at the very least, was showing it greater respect. For though she had published six novels, she had always somehow refused the novelistic. She would repeat to anyone who might listen that she did not much appreciate most novels' format and function, for she associated them with the small talk that only serves to perpetuate the linear mediocrity of daily life. In her mind, novel and prose were born of and produced by a bourgeois mentality certainly conducive to plot twists, drama and imbroglios, but mostly long on words and short on daring. Whenever she presented a paper on this subject, she always made a point of specifying that hers were anti-novels, not because her original intention had been to make them thus, but simply because as she wrote, she grasped words in such a way that they superseded both characters and plot. She said

personnages et récit. Elle disait ne pas supporter la routine du sujet, verbe, complément à laquelle la narration prédisposait.

she couldn't stand the subject–verb–object routine to which narrative inclined.

Dans plusieurs de ses romans, elle avait tenté d'amorcer une histoire, avait fait de son mieux pour y croire comme on croit à la vie, mais au bout de quelques pages, elle s'arrêtait, accablée par l'ennui, une perte de motivation. Elle aurait pourtant aimé pouvoir tenir le coup au milieu de l'illusion référentielle comme d'autres tiennent bon au milieu de la famille et de la tradition. Mais ce qui lui manquait c'était l'action, l'action dans l'écriture, il va sans dire. Action comme jeu ou manœuvre, comme ellipse ou syncope, comme étonnement. Par un étrange mystère, il lui semblait que c'est en éliminant l'action du récit que la véritable action commençait, suspense de l'écriture qui lui donnait le sentiment d'avancer dans le dénouement de la seule énigme qui lui importait: l'énigme de l'écriture. Elle insistait: «La vie n'est pas une histoire, elle est une émotion qui donne lieu à une aventure dans la langue.» Puis, elle ajoutait: «Pour moi, le roman est un espace d'exploration et de découvertes.» Il ne lui était jamais venu à l'esprit qu'on puisse explorer sans découvrir et pour cette raison son désir du romanesque était para-

In several of her novels she had tried to begin a story, had done her best to believe in it the way one believes in life, but after just a few pages she would stop, overcome with boredom, at a loss for motivation. She would have liked to keep going in the referential illusion the way others keep going within family or tradition. But what she missed was action— action in writing, needless to say. Action as game or manœuvre, as ellipsis or syncope, as astonishment. Through some strange mystery, it seemed to her that it was by eliminating action from the plot that real action began, the suspense of writing that gave her the feeling of moving forward in the unravelling of the only enigma that mattered to her: the enigma of writing. She insisted: "Life is not a story, it is an emotion that gives rise to an adventure in language." Then she would add: "For me, the novel is a space of exploration and discoveries." It had never occurred to her that one might explore without discovering, and for this reason her desire for the novelistic had paradoxically remained intact, could still ignite as soon as she felt she held a vital question

doxalement resté intact, pouvait encore s'allumer dès qu'elle croyait tenir une question vitale ou imaginait pouvoir mettre en valeur une forme de beauté encore inconnue aux yeux terrestres.

or imagined being able to bring out a form of beauty as yet unknown to earthly eyes.

Aujourd'hui, elle avouait cependant que très jeune elle avait pris la mauvaise habitude de confondre les mots récit, prose et anecdote et que cette confusion avait sans doute indirectement nourri sa résistance à toute forme de témoignage, autobiographie, mémoire, journal intime, roman, bref à tout ce qui s'écrivait sous le nom de cette chose qui portait le nom de prose et qui, selon elle, ne faisait que renforcer cette curiosité malsaine et séculaire que nous avons pour le déjà-vu de l'âme humaine dans ses comportements les plus quotidiens comme les plus extraordinaires, les plus primaires comme les plus sophistiqués.

Today, however, she admitted that very young she had gotten into the bad habit of confusing the words story, prose and anecdote, and that this confusion had no doubt indirectly fuelled her resistance to any form of testimony, autobiography, memoir, diary, novel— in short, to everything written under the name of that thing called prose and which, in her view, only reinforced this unwholesome and age-old curiosity for the *déjà vu* of the human soul in its every type of behaviour, from the most daily to the most extraordinary, from the most primary to the most sophisticated.

Cela dit, elle était bien embêtée lorsqu'il lui fallait concéder que c'est à travers la prose que la plupart des écrivaines s'étaient illustrées dans l'histoire des littératures et que, grâce à la prose, bon nombre de femmes avaient repris goût à la vie. Mais sur ce sujet, *je* reviendrai plus tard.

This being said, she was rather at a loss when forced to concede that it is through prose that most women writers had made their names in the history of literatures and that, thanks to prose, life had become worth living again for a large number of women. But *I* will return to this subject later.

Je suis une femme du présent, de l'instant et cela explique sans doute mes réticences à l'égard de la prose. J'aime sentir que le monde peut converger, se défaire et se reconstituer en moi dans le temps court du poème. Je recherche cette tension et la prose m'en prive. La prose dilue la tension, l'excitation, l'effet de synthèse qui, dans le poème, éblouit, intrigue à ce point que même le corps s'inquiète et s'émerveille de ce qui soudain le rend si fébrile.

I am a woman of the present, of the moment, and this no doubt explains my reluctance regarding prose. I like to feel that the world can converge, come undone and reconstitute itself inside me in the short while of the poem. I seek that tension, and prose keeps it from me. Prose dilutes tension, excitement, the effect of synthesis with which the poem dazzles us, intrigues us to the extent that even the body frets and marvels at what is making it so suddenly feverish.

Le poème est un produit de l'énergie désirante, ici et maintenant, mot à mot. La prose atténue le présent, le projette dans
plusieurs directions temporelles, construit lentement, phrase par
phrase, ralentit le désir quoique tout acte d'écriture oblige à
ralentir et en cela demeure un précieux gage de renouveau pour
la pensée et l'émotion. La prose œuvre comme un jeu de
patience au milieu des hasards et de la mémoire. Son urgence
est dans le détournement du réel. La prose travaille là où le
rêve est mis en échec; la poésie œuvre dans le tourment vivant
du rêve.

The poem is a product of desiring energy, here and now, word for word. Prose dims the present, projects it into several temporal directions, builds slowly, sentence by sentence, slows down desire— although any act of writing makes it necessary to slow down, and this remains a precious warrant of renewal for thought and for emotion. Prose works like a game of patience in the middle of chance and memory. Its urgency lies in diverting the real despite the real. Prose works where dreams are thwarted; poetry operates in the vivid torment of dreams.

La prose enquête, fabule, spécule sur les rapports qui se nouent entre ces êtres appelés personnages et que l'on aimerait bien rendre plus vivants que nous, plus troublants que nos désirs, plus habiles que nous à exprimer les crises d'ambivalence et d'identité qui nous secouent. Dans la prose, il y a toujours quelqu'un qui nous ressemble, qui nous échappe. Dans le poème, je s'occupe de tout, seul au milieu des planètes ou de l'océan comme une nageuse qui, à bout de souffle et tout en souffle, apparaît, disparaît, resurgit avec ses muscles mouillés entre les plis bleus, le grand gris de vague au loin.[ii]

Prose investigates, fabricates, speculates about the relations that develop between those beings called characters that we would like to make more alive than we are, more disturbing than our desires, more skilled than we are at expressing the fits of ambivalence and the identity crises that unsettle us. In the poem, I takes care of everything, alone amid the planets or in mid-ocean like a swimmer who, out of breath and all-of-a-breath appears, disappears, resurfaces with her wet muscles between the blue folds, the vast grey wave of faraway.[ii]

Oui, *je l'avoue,* elle était fascinée par cette lente plongée dans le temps long que supposait toute écriture romanesque. De fait, elle s'y était vautrée, étourdie de plaisir en écrivant son dernier roman et c'était là sans doute ce qui expliquait pourquoi elle se laissait à nouveau entraîner dans le processus narratif. Car au cours de ce processus, elle savait qu'il y aurait des imprévus, des hasards, des ouvertures qui immanquablement se déploieraient sous forme d'idées, d'images et de paysages dont la pensée ne lui serait jamais venue à l'esprit autrement. C'est dans cet espace, pur produit de l'écriture, qu'elle semblait trouver les matériaux propices à l'avènement de scènes qui, parce que issues du langage, s'imposeraient à la conscience comme une dimension virtuelle de la réalité.

Yes, *I admit it*, she was fascinated by this slow dive into the length of time implied by novel-writing. In fact, she had revelled in it, dizzy with pleasure while writing her last novel and this probably explained why she was once again letting herself be lured into the narrative process. For there she knew she would encounter the unexpected, chance occurrences, openings which inevitably would unfold as ideas, images and landscapes whose thought-form would never have entered her mind otherwise. In this space— a pure product of writing— she seemed to find the materials suitable for setting scenes which, because stemming from language, would impose themselves on consciousness like a virtual dimension of reality.

Il lui arrivait aussi de dire que l'écriture romanesque était pour elle une façon de négocier avec la réalité. Négocier des questions et des réponses à propos du sens de la vie et de la valeur accordée à ce qui nous entoure. Dans son cas, les mots sens et valeur étaient tout particulièrement une source d'obsession car, femme, elle était bien consciente du double standard qui prévaut à la lecture des livres de femmes, mais aussi et surtout elle cherchait par tous les moyens à résoudre l'inextricable ambivalence qui secouait toute femme consciente de la marginalité à laquelle son appartenance au sexe féminin la vouait. Par exemple, elle savait très bien que si elle avait été un homme, elle aurait pu entrer et sortir de l'histoire à son gré, faire sien un imaginaire collectif, national ou mythique sachant que tout cela lui appartenait et qu'il n'en tenait qu'à elle de faire les bons choix afin d'intégrer ses fantasmes dans le grand spectacle conçu, mis en scène et interprété par des générations d'hommes qui, de mémoire d'homme, n'avaient jamais cessé de croire en la réalité de leurs fictions. Tout aurait été tellement plus universel: son

At times she would say that novel-writing was for her a way of negotiating with reality. Negotiating questions and answers about the meaning of life and the value given to what surrounds us. In her case, the words meaning and value were particularly a source of obsession for, a woman, she was well aware of the double standard prevalent when it came to reading books by women but also and especially she was seeking, by every means possible, to resolve the inextricable ambivalence that rattles any woman conscious of the marginality to which her membership in the female sex fates her. For example, she knew very well that if she had been a man, she could have entered and exited history at will, claimed a collective, national or mythical image-reservoir as her own, confident that all of this belonged to her and that it was up to her to make the right choices in order to integrate her fantasies into the grand spectacle designed, staged and performed by generations of men who, as far back as man can remember, have never stopped believing in the reality of their fictions. Everything would have been so much

plaisir, son angoisse, la souffrance, la joie, les peurs et les extases de ses personnages, leurs gestes anodins comme allumer une cigarette sur le quai d'une gare ou enlever son chapeau pour embrasser une jolie femme, plus tard la déshabiller dans une chambre d'hôtel en pensant avec désespoir à la guerre qui fait rage autour de l'amour. Eut-elle été un homme, il lui aurait même été possible de devenir une femme à chaque roman. Il aurait suffi de le vouloir et le monde l'aurait crue, aurait compris ce qu'est une femme. Et cette femme aurait pu servir de modèle à d'autres romanciers, elle aurait pu être aimée par plusieurs générations d'écrivains, chacun la modifiant légèrement de manière à se sentir plus confortable avec elle afin, au besoin, de s'en inspirer. Homme, elle aurait pu inventer sa femme docile ou fatale, universelle comme l'ombre.

more universal: her pleasure, her anxiety, pain, joy, her characters' fears and ecstasies, their insignificant gestures, such as lighting a cigarette on a train-station platform or removing their hat to kiss a lovely woman, later undressing her in a hotel room while thinking with despair about the war raging around love. Had she been a man, it would even have been possible for her to become a woman with every novel. She would simply have had to want it and everybody would have believed her, would have understood what a woman is. And this woman could have been a model for other novelists, she could have been loved by several generations of writers, each one making slight alterations so as to feel more comfortable with her, so that she could be a source of inspiration, if need be. As a man, she could have invented her woman, docile or *fatale*, as universal as the shadow.

Plus j'y pense, plus il me semble que sa résistance au romanesque, au récit, bref sa *réserve* devant la réalité et l'illusion qui la recompose, vraisemblablement cette *réserve* doit être comprise comme la mise à distance d'un monde dans lequel, *she knows by all means that she as a* she *is not even in the sentence, cannot get even with the sentence.* Cette distance est une forme de retenue et de discernement qui lui donne prise sur elle-même, la rend maîtresse d'elle-même. Cette distance constitue sa *réserve* d'images, d'espoir et d'énergie.

The more I think about it, the more it seems to me that her resistance to the novelistic, to story, in short, her *reserve* in the face of reality and the illusion that rearranges it, quite likely this *reserve* must be understood as putting at a distance a world in which, *she knows by all means that she as a she is not even in the sentence, cannot get even with the sentence.*[*] This distance is a form of restraint and discernment that gives her a hold on herself, self-mastery. This distance constitutes her *reserve* of images, of hope and of energy.

C'est grâce à cette réserve qu'elle avait pris conscience de la marginalité dans laquelle le féminin était confiné, resterait confiné tant et aussi longtemps qu'une seconde marginalité, conséquence d'une prise de conscience de la première, ne l'en libérerait. En d'autres termes, femme, elle resterait infériorisée dans sa marginalité tant et aussi longtemps qu'elle n'aurait pas trouvé les mots qui la rendraient encore plus marginale mais cette fois-ci ayant pleinement conscience et contrôle de sa double marginalité. Sans cette double marginalité, il n'y avait rien à raconter qui fasse *la différence*.

Due to this reserve she had become aware of the marginality to which the feminine was confined, would remain confined unless and until a second marginality, the consequence of becoming aware of the first one, set her free. In other words, a woman, she would keep feeling inferiorized in her marginality unless and until she found the words that would make her even more marginal, but this time fully conscious and in control of her double marginality. Without this double marginality, there was nothing to tell that would make *the difference.*

De même, il n'était pas à exclure que sa résistance à la prose fut une façon de se réserver pour l'*essentielle*, matière intuitionnée qui prendrait la forme de ce qu'elle appellera fiction théorique.

Also, it was not unlikely that her resistance to prose was a way of reserving herself for the *essential*, the intuited matter that would take the form of what she would come to call *theoretical fiction*.

Elle nomma ainsi un travail d'observation qui lui permettait de localiser sur le *corps pensant* des femmes, des blessures qui, vives ou cicatrisées, réduisaient leur capacité de mouvement, affaiblissaient leur faculté d'énonciation, les obligeaient à vivre dans un état de constante ambivalence, les faisaient s'enliser dans un immense champ de contradictions.

This is how she termed the observation work that allowed her to locate on the *thinking body* of women the wounds which, raw or healed, reduced women's capacity to move, weakened their discursive ability, forced them to live in a state of constant ambivalence, mired them in a huge field of contradictions.

La diversité des solutions apportées par chaque femme pour camoufler sa douleur, ses malaises et ses vertiges, la variété des mouvements que chacune d'entre elles adoptait pour cacher ou panser ses blessures rendait difficile toute observation qui puisse l'amener à conclure avec certitude sur l'origine des blessures.

The range of solutions devised by each woman to camouflage her pain, her dis-eases and her vertigo, the variety of movements each one adopted to hide or dress her wounds made it difficult to carry out any observation work that might help her conclude with certainty as to the origin of the wounds.

Pour en avoir le cœur net, elle décida de se soumettre, *corps pensant*, à l'observation. Elle eut alors recours à une description détaillée de tout ce qui pouvait être considéré comme des marques insolites. Grains de beauté, taches de naissance, éraflures, écorchures, feux sauvages, vergetures: rien ne lui échappa. Au fil des mots, les descriptions se transformèrent en bribes de récit, car chaque marque eut tôt fait de lui rappeler tantôt un incident, une remarque, un visage, tantôt un décor, une date. Plus elle décrivait, plus elle racontait; plus elle racontait, plus elle éprouvait d'étranges sensations qui finirent par ressembler à des émotions qui à leur tour influencèrent le cours de la narration.

To make it clear in her own mind, she decided to put her self, *thinking body,* under observation. She resorted to a detailed description of every marking that could be considered unusual. Beauty marks, birthmarks, scratches, cold sores, stretch marks: nothing escaped her. As words flowed together, the descriptions turned into bits of story, for each mark soon reminded her of an incident, a remark, a face, or a setting, a date. The more she described, the more she told a story; the more she told a story, the more she experienced strange sensations which eventually resembled emotions, which in turn influenced the narrative flow.

Ainsi, lorsque mises en relation les unes avec les autres, ces bribes de vérité qui, au départ, lui avaient semblé anodines, donnaient alors l'impression d'être pure invention, produit de l'imagination, pure *fiction*. C'est au cœur de cette fiction, au cœur même du processus qui l'alimente, qu'elle chercha à identifier ce qui pouvait en théorie être à l'origine d'autant de blessures chez les femmes.

Thus, when put into relation with one another, these scraps of truth which had seemed innocuous to her at first, now gave the impression of being pure invention, a product of the imagination, pure *fiction*. It was at the core of this fiction, at the very core of the process that sustains it, that she sought to identify what, in theory, could be at the origin of so many wounds in women.

Par la suite, elle trouva dans sa réserve l'énergie pour dénoncer le plus grand réseau de fraudes de l'histoire, l'énorme trafic de mensonges qui, sous couvert de coutumes et de traditions, de mythes et de religions, de lois et d'institutions, avait littéralement meurtri des générations de femmes, constituait une menace constante à l'intégrité des femmes. Phénomène intéressant: plus elle se rapprocha des femmes, plus elle les aima et en fut aimée, plus elle perdit de sa retenue sans pour autant entamer sa réserve. Sa réserve est tout à la fois sa marge de manœuvre, une source d'énergie, une ardeur pour imaginer «celle par qui tout peut arriver et qui fait sens.»[iii] Sa réserve lui permet de s'aventurer dans des zones risquées où il faut apprendre à distinguer entre sens et non-sens, entre point de non-retour et horizon. C'est grâce à ce parcours d'écriture qu'aujourd'hui, elle peut dire:

Afterwards, she found in her reserve the energy to denounce the greatest network of fraud in history, the enormous traffic in lies which, under cover of customs and traditions, myths and religions, laws and institutions, had literally bruised generations of women and constituted a constant threat to women's integrity. An interesting phenomenon occurred: the closer she got to women, the more she loved them and was loved by them, the more she let go of her restraint, yet without undermining her reserve. Her reserve is at the same time her room to manœuvre, an energy source, an ardour making it possible to imagine "she through whom everything can happen and who makes sense."[iii] Her reserve allows her to venture into high-risk zones where it is necessary to distinguish between sense and non-sense, between point of no return and horizon. It is thanks to this journey through writing that today she can say:

«Le vrai de la prose est dans la crasse des clichés, l'essentiel de la prose une opacité soudaine qui réveille en nous les sens endormis. Ceci étant, la prose offre ses époques comme autant de miroirs, de scripts et de générations pour faciliter la lecture des valeurs et de l'émotion qui entrent dans la composition de nos vies. La prose dit que rien ne meurt vraiment. La prose absorbe l'ombre de nos larmes, absorbe en partie nos vies pour mieux nous les offrir dans le faste et le dénuement de nos premières visions. Prose, prose, voici donc le fin mot d'une heureuse liaison entre la nature abondante du je et l'imagination copieuse qui entre dans la composition du réel. Prose ludique, tourbillon de fiction, prose labyris, porte du songe, voici que sous mes yeux, tu viens, trois fois changeant ton nom, évoquer de longues luttes et amoures aux contours emmêlés de récits et d'utopies, voici que tu viens, entre les lignes, rapprocher le poème de mes lèvres encore bien chaudes de la question répétée de l'urgence.»[iv]

"The truth of prose is in the grime of clichés, the essence of prose a sudden opacity that awakens the senses sleeping in us. This being so, prose offers its eras as so many mirrors, scripts and generations to enable the reading of the values and emotions that make up our lives. Prose says that nothing really dies. Prose absorbs the shadow of our tears, partly absorbs our lives to better return them to us in the splendour and spareness of our first visions. Prose, prose, so here is the last word of a felicitous liaison between the I's lavish nature and the copious imagination that goes into the composition of the real. Playful prose, whirlwind of fiction, labyris prose, gateway to dreams, here you come before my eyes, thrice changing your name, to evoke lengthy struggles and she-loves whose contours are enmeshed with stories and utopias, here you come, between the lines, bringing the poem to my lips still hot from the repeated question of urgency."[iv]

De tout cela nous avions longuement parlé un soir de juillet en marchant dans les rues de Montréal. Côte à côte, bras dessus, bras dessous comme des amies de longue date. Il y avait maintenant plus d'un an qu'elle pensait à son prochain roman et ce soir-là, peut-être en avait-elle trouvé le sujet, elle était particulièrement fébrile. Nous avions tout d'abord flâné aux abords du pont Jacques-Cartier, puis nous avions déambulé sur la rue Sainte-Catherine en direction de la rue Saint-Laurent où nous avions fini par nous arrêter au Café Rachel.

W e had talked at length of all this one July evening while walking along the streets of Montréal. Side by side, arm in arm like long-lost friends. She had been thinking about her next novel for over a year now and that evening perhaps she had found its subject, she felt particularly flushed. We had first spent some time by the Jacques-Cartier Bridge, then strolled along Ste-Catherine Street towards St-Laurent Boulevard where we finally ended up in the Café Rachel.

Elle parlait sans tarir de sa ville, de son île en forme d'amande au milieu du fleuve, de son Montréal qu'elle qualifiait de terrain symbolique vierge car, à son avis, Montréal n'était pas encore suffisamment ancrée dans l'imaginaire comme un espace désirable. Bien sûr, les quartiers de Saint-Henri et du plateau Mont-Royal rayonnaient de toute leur imagerie grâce aux romans de Gabrielle Roy et de Michel Tremblay, mais cela n'était pas suffisant. Elle aurait voulu que Montréal scintille comme un bijou nordique dans les consciences voyageuses qui de par le monde rêvent d'un ailleurs. Elle rêvait d'un Montréal mythique, infiniment désirable comme Buenos Aires l'était devenu pour elle. Elle disait que pour qu'une ville entre dans l'imaginaire, il lui fallait passer par la littérature.

She talked endlessly about her city, her almond-shaped island in the middle of the river, her Montréal, which she described as virgin symbolic territory because, in her view, Montréal was still not sufficiently anchored as a desirable space in the imaginary landscape. Of course the neighbourhoods of St-Henri and Plateau Mont-Royal radiated with all their imagery thanks to the novels of Gabrielle Roy and Michel Tremblay, but this was not enough. She would have liked Montréal to glitter like a northern jewel in the consciousness of restless minds which, the world over, dream of somewhere else. She dreamed of a mythic Montréal, infinitely desirable, like Buenos Aires had become for her. She said that in order for a city to enter the imagination, it must enter literature.

Car une ville est un lieu qui allège et qui abrite l'intensité. Une ville nous oblige à parcourir mille distances qui nous font souvenir et nous surprennent en pleine sensation de vivre. On dit de certaines villes qu'elles donnent des leçons, qu'elles éblouissent ou qu'elles affinent la faculté d'imagination, mais pour exister une ville doit pouvoir déployer en nous le vertige de l'histoire ou quelques flamboyantes lubies. C'est pour cela, disait-elle, qu'il faut des mots capables de faire miroiter dans la conscience comme autant de perspectives et de paysages, l'étrangeté de nos vies multiples. Aucune ville ne survit sans le commenté fébrile, l'appétit de vivre ou la mélancolie de ses écrivain/es. Littérature, voilà le fin mot qui fait exister une ville, qui nous fait revivre les passages à tout jamais soulignés dans notre mémoire d'enfance et de lecture.

For a city is a place that lightens and harbours intensity. A city forces us to travel a thousand distances, making us remember, overtaking us as we are feeling fully alive. Of certain cities it is said that they teach lessons, that they dazzle or that they sharpen the faculty of imagination, but to exist a city must be able to unfold the vertigo of history within us, or a few flaming flights of fancy. This is why, she said, we need words capable of reflecting back to the conscious mind the strangeness of our many-layered lives, like as many perspectives and landscapes. No city survives without the excited running commentary, the lust for life or the melancholy of its writers, men and women. Literature, here is the core word that makes a city exist, that makes us relive the passages forever underlined in our memory of childhood and of reading.

Devant mon acquiescement, elle avait enchaîné en parlant d'un roman qu'elle avait publié en 1974 et qu'elle avait intitulé *French Kiss*. Montréal régnait au cœur de ce roman comme une géographie du corps, rayonnait comme un centre nerveux alimentant l'énergie et l'imagination de ses personnages. Montréal respirait telle une ressource linguistique, une génératrice de calembours et de métaphores. De l'est à l'ouest, la rue Sherbrooke était devenue un trajet de vie rempli de haltes érotiques et polysémiques. Dans le dédale des métaphores, elle avait fait de Montréal une partenaire essentielle pour exprimer la dimension ludique et contemporaine de l'urbaine radicale, de la fille en combat qu'elle disait être dans la cité.

I agreed, so she went on talking about a novel published in 1974, which she had entitled *French Kiss*. Montréal shone at the heart of this novel like a geography of the body, radiated like a nerve centre feeding the characters' energy and imagination. Montréal breathed like a linguistic resource, a generator of puns and metaphors. From east to west, Sherbrooke Street had become a life itinerary full of erotic and polysemic stopping places. In the maze of metaphors, she had made Montréal an essential partner in expressing the playful and contemporary dimension of the radical urban woman, of the "chick" engaged in combat whom she said she was in the city.

Je suis une femme du présent, côté ludique, d'où il est possible d'apercevoir entre les mots, nos petites superstitions, notre belle morale, nos grands dadas en pleine action. Je suis une urbaine côté graffiti du mur, côté nuit blanche, côté paroles en liberté. Côté corps où le monde tangible se révèle sous des angles inconnus, plein de ressources; côté écriture où la peau est une fervente collectionneuse d'aubes et de rires, d'odeurs anciennes et d'idées neuves.

I am a woman of the present, on the ludic side of things, from where it is possible, between words, to glimpse our little superstitions, our fine morality, our sweet obsessions in full swing. I am an urban woman on the graffiti side of the wall, on the sleepless side of night, on the free side of speech. On the body's side, where the tangible world is revealed from unknown angles, full of resources; on the side of writing, where the skin is a fervent collector of dawns and laughter, of bygone smells and new ideas.

Elle était née en 1943 à Montréal dans la province française du Canada que l'on appelait Québec. Elle avait grandi dans un quartier anglais, plein de grands arbres et avait fait ses études dans un collège pour jeunes filles de bonne famille. Elle avait eu vingt ans au début des années 60 alors que la Révolution tranquille allait transformer toutes les dimensions de la société québécoise. Sa vie de jeune adulte, elle l'avait vécue en tissant un univers cohérent autour des mots transgression, subversion, rupture, désir et exploration. Comme plusieurs de sa génération, elle avait cru pouvoir balayer du revers de la main, le passé catholique et puritain, qui avait tout particulièrement prévalu depuis le milieu du 19ième siècle dans la province de Québec. Comme plusieurs, elle avait cherché à comprendre les malheurs et l'aliénation du peuple québécois. Au cœur du grand renouveau, elle avait acquis la certitude que la responsabilité de sa génération était de rompre avec le passé.

She was born in Montréal in 1943, in the French province of Canada called Québec. She had grown up in an English-speaking neighbourhood with lots of big trees and studied at a convent for young ladies from good families. She turned twenty in the early 1960s, when the Quiet Revolution was about to transform every dimension of Québec society. Her young adult life had been spent shaping a coherent world around the words transgression, subversion, rupture, desire and exploration. Like many of her generation, she had believed it possible to wave aside the puritan Roman Catholic past which had most especially prevailed in the province of Québec since the mid-nineteenth century. Like many, she had sought to understand the misfortune and alienation of the Québécois. In the heat of this great revival, she had acquired the conviction that it was her generation's responsibility to break with the past.

L'époque était excitante, stimulante. En fait, plusieurs la considèrent comme ayant donné lieu à la véritable naissance du roman québécois, sinon à la littérature québécoise. De nouveaux auteur/es publiaient des romans dans lesquels soufflait un vent de folie, de révolte et d'audace, dans lesquels circulait une forme d'angoisse et de colère jamais jusqu'alors exprimée dans le roman canadien-français d'avant 1960. Les subjectivités se frayaient tant bien que mal un chemin entre l'imaginaire québécois, la tradition littéraire française et un vécu nord-américain. Et cela n'était pas sans difficulté: la tradition française vaste et fascinante était remise en question comme un encombrant surmoi linguistique, le vécu nord-américain n'avait pas encore trouvé ses métaphores urbaines et l'imaginaire québécois continuait de s'enliser dans la question nationale et le giron familial.

The times were exciting, arousing. In fact, this period is seen by many as the true birth-time of the québécois novel, if not of Québec literature. New writers, men and women, were publishing novels swept by a wind of wildness, rebellion and daring, driven by a kind of anguish and anger never expressed in the pre-1960 French-Canadian novel. Subjectivities were finding their way as best they could through the québécois *imaginaire*, French literary tradition and North American experience. And this was not achieved without some difficulty: the vast and fascinating French tradition was problematized as a cumbersome linguistic superego, North American life had not yet found its urban metaphors, and the québécois *imaginaire* remained mired in the nationalist issue and the family fold.

C'est alors que surgirent les monstres sacrés qui alimen-
tent passion, identité et imaginaire: la sexualité et la
langue. L'expression de la sexualité, plus précisément
de l'hétérosexualité, qui dans toute littérature va de soi,
circule jovialement, cavalièrement ou fiévreusement,
joua soudain un rôle important dans le roman
québécois. Elle prit souvent une forme tourmentée et
donna lieu (comme c'est le cas dans toutes les littératures) à plus de misogynie qu'à d'extases.

This is when the "holy monsters" fuelling passion, identity and imagining rose up: sexuality and language. The expression of sexuality, more specifically hetero-sexuality, which is taken for granted in all literatures, circulating heartily, casually or heatedly, suddenly played an important part in the Québec novel. It often took on a tormented form and gave rise (as is the case in all literatures) more to misogyny than to ecstasies.

Source de tourment aussi: la langue française d'expression québécoise. Langue à protéger comme la prunelle de ses yeux, langue ingrate, triste miroir d'une longue série de défaites, «langue humiliée,» langue du mal-être et du mal-écrire qui fera dire au romancier André Langevin:

Also a source of torment: the French language as idiom of expression in Québec. A language to be protected like the apple of one's eye, an ungrateful tongue, dismal mirror of a long series of defeats, a "humiliated tongue," language of ill-being and ill-writing that prompted novelist André Langevin to write:

«L'aliénation de notre langage est peut-être notre réalité la plus tragique. J'avoue ne pouvoir aborder ce thème sans quelque gêne. Il se trouve au cœur de la contradiction fondamentale à laquelle se heurte tout romancier d'ici... Il y a là comme un échec personnel qui s'ajoute à l'échec collectif...»[v]

"The alienation of our language is perhaps our most tragic reality. I confess I cannot broach the topic without some uneasiness. It lies at the heart of the basic contradiction encountered by every one of our novelists... There is in this a personal defeat added to the collective one..."[v]

Ainsi, pendant que les hommes de son pays disaient leur désespoir et leur aliénation de colonisés, elle cherchait dans la langue un espoir, une ouverture, convaincue que le travail de la conscience et du désir ne pouvait que vaincre la peur et l'ignorance, l'injustice et l'exploitation.

So while her countrymen were voicing their despair and alienation as a colonized people, she was looking for some hope, some opening in language, convinced that the work of desire and consciousness could only conquer fear and ignorance, injustice and exploitation.

On lui reprocha d'être illisible, élitiste, arrogante. Elle ne s'en soucia guère, consacrant tout son temps à l'écriture, car déjà elle avait la passion des mots et de ce qui se cachait derrière eux. Sur sa grande table de travail alors peinte en rouge, l'écriture allait devenir son obsession, le thème de tous ses livres.

She was criticized as unreadable, elitist, arrogant. She didn't much care, and devoted all her time to writing, for she already had a passion for words and for what hides behind them. On her big work table, then painted red, writing would become her obsession, the theme of all her books.

Je suis une femme du présent fascinée par l'histoire qui entre dans la composition des mots avec lesquels chaque génération témoigne de son angoisse, invente son espoir, modifie le récit collectif. Je m'intéresse à ce qui confine chaque génération dans des thèmes, des métaphores, des attitudes rhétoriques et stylistiques. J'imagine la passion du langage qui permet d'en sortir. Le tourment qui ouvre des brèches dans l'histoire. Le délire qui consume les lieux communs. J'imagine l'urgence intérieure qui oblige à liquider les truismes d'une époque. La littérature est le fruit d'un déplacement de l'appartenance dans une appartenance qui invente son horizon. Je me déplace toujours à partir des mots de mon appartenance.

I am a woman of the present, fascinated by the history that goes into the composition of the words with which each generation bears witness to its angst, invents its hope, alters the collective narrative. I am interested in what confines each generation to certain themes, metaphors, rhetorical and stylistic attitudes. I imagine the passion for language that makes it possible to break out. The torment that opens gaps in history. The wildness that consumes the commonplace. I imagine the inner urgency that makes it absolutely necessary to eliminate the truisms of an era. Literature is the fruit of a shift of belonging into a form of belonging that invents its own horizon. I always shift based on the terms of my belonging.

A la sortie du Café Rachel, nous avons à nouveau marché, cette fois-ci, en direction de l'est. Rue Saint-Denis, nous nous sommes arrêtées au Lilith, un bar pour femmes. En entrant, elle avait déclaré: «bras de femmes, l'espoir.» Puis nous sommes allées nous installer à une table au fond de la salle. Un peu plus tard, elle alla saluer deux femmes qu'elle eut tôt fait d'inviter à notre table. L'une était romancière comme on écrit, l'autre féministe comme on vit. Elles vivaient ensemble depuis vingt ans, semblaient encore amoureuses après tout ce temps. La conversation, d'abord anodine, dévia rapidement sur ce que, depuis vingt ans, au Québec, on appelle l'écriture au féminin. Spontanément, la romancière déclina les noms de Anne Hébert, Marie-Claire Blais, Michèle Mailhot, Suzanne Jacob, Francine Noël, Yolande Villemaire, Pauline Harvey, Carole Massé, Monique Larue, Louise Bouchard, Monique Proulx, Madeleine Monette, Elise Turcotte; tout aussi spontanément, la féministe mentionna ceux de France Théoret, de Jovette Marchessault, de Madeleine Gagnon et de Nicole Brossard. Toutes

Leaving Café Rachel we started walking again, eastward this time. On St-Denis Street we stopped in at Lilith, a women's bar. When we entered she said: "women's arms, hope." We chose a table at the back of the room. A little later she went to say hello to two women whom she soon invited over to our table. One was a novelist, as in writing, the other was a feminist, as in life. They had been living together for twenty years and still seemed in love after all this time. Quite casual at first, the conversation soon turned to what, for twenty years now, in Québec, has been called writing in the feminine. Spontaneously, the novelist listed the names of Anne Hébert, Marie-Claire Blais, Michèle Mailhot, Suzanne Jacob, Francine Noël, Yolande Villemaire, Pauline Harvey, Carole Massé, Monique Larue, Louise Bouchard, Monique Proulx, Madeleine Monette, Elise Turcotte; just as spontaneously, the feminist mentioned those of France Théoret, of Jovette Marchessault, of Madeleine Gagnon and of Nicole Brossard. All agreed that Louky Bersianik's novel *The Euguelionne* was probably the only one

s'entendirent pour dire que le roman *L'Euguélionne* de Louky Bersianik était sans doute le seul roman dont le propos fut ouvertement féministe et que c'était une œuvre majeure.

whose subject was overtly feminist, and that it was a major work.

C'est une chose que de parler des romans écrits par les femmes, c'en est une autre que de parler de l'écriture au féminin. Le concept d'écriture au féminin est redevable à l'avènement du féminisme dans la société québécoise. Il dérive du travail de la conscience féministe. Il est à la fois le résultat d'un environnement émotionnel et discursif créé par le féminisme, tout comme il est lui-même un environnement propice à légitimer et à accueillir sous forme de récit, de prose poétique ou de fiction théorique, l'expression du vécu des femmes, le travail de la pensée féministe et ses métaphores ainsi que la représentation de l'émotion lesbienne et de ses utopies.

It is one thing to talk about novels written by women, it is another to talk about writing in the feminine. The concept of writing in the feminine derives from the advent of feminism in Québec society, and stems from the work of feminist consciousness. It is the result of an emotional and discursive environment created by feminism, and is in itself an environment conducive to legitimating and welcoming, in the form of story, poetic prose or theoretical fiction, the expression of women's lived experiences, the practice of feminist thinking and its metaphors, as well as the representation of lesbian emotion and its utopias.

Ce qui, au Québec, caractérise l'écriture au féminin, c'est d'emblée son inscription dans la modernité de l'écriture québécoise, son insertion dans une problématique du langage et du symbolique. C'est un concept dans lequel, le «je» intime et le «nous» de l'appartenance s'interpellent, cherchent à cohabiter malgré le sens patriarcal qui les isolent pour mieux les invalider l'un et l'autre.

In Québec, writing in the feminine is characterized by its direct inscription in the modernism of Québec writing, its insertion into a problematics of language and of the symbolic. It is a concept in which the intimate "I" and the "we" of belonging gesture to each other and seek to cohabit despite patriarchal meaning that isolates them, the better to invalidate them both.

De 1975 à 1982, l'écriture au féminin a littéralement propulsé dans la littérature québécoise des colères et des utopies qui ont engendré une approche diversifiée et originale des thèmes tels que le corps, le quotidien, la mémoire. En travaillant à la démystification de la réalité patriarcale et à la déconstruction de l'hétérosexisme, l'écriture au féminin s'est vu contrainte à repenser «la vérité» et ainsi à s'adonner à une nouvelle répartition de la réalité et de la fiction. C'est à l'intérieur de cette nouvelle répartition du «sens apparent» qu'il faut comprendre le chassé-croisé entre les genres, le glissement des genres auquel elle a contribué. S'il faut attribuer à la modernité québécoise une remise en question des genres traditionnels, il faut attribuer à l'écriture au féminin, un décloisonnement entre les genres, décloisonnement sans lequel le *je* féminin n'aurait pu simultanément exprimer sa sensibilité, faire état de sa dissidence et explorer les «angles morts» d'une mémoire individuelle et plurielle.

From 1975 to 1982, writing in the feminine literally propelled into Québec literature forms of anger and utopia that generated a diversified and original approach to themes such as the body, daily life and memory. In working to demystify patriarchal reality and to deconstruct heterosexism, writing in the feminine was made to rethink "the truth" and thus to effect a fresh redistribution of reality and fiction. It is within this new redistribution of the "surfaces of sense" that we must understand the border-crossings between genres, the slippage of genres it has promoted. While a questioning of traditional genres must be attributed to Québec modernism, writing in the feminine must be credited with a decompartmentalization of genres, without which the feminine *I* could not have simultaneously expressed its sensibility, voiced its dissidence and explored the "blind spots" of an individual and plural memory.

De l'écriture au féminin, il faut aussi dire qu'elle a changé le rapport d'adresse, les femmes choisissant d'autres femmes comme interlocutrices. Elle a provoqué une intertextualité entre femmes et apporté un nouvel éclairage sur les grands courants idéologiques qui, sous les noms de marxisme, de contre-culture et de psychanalyse, ont traversé la vie culturelle québécoise au cours des années 70. Ajoutons aussi que l'ambiance suscitée par les thématiques de l'écriture au féminin a légitimé un certain nombre de femmes de s'adonner au roman et à l'écriture au sens général du terme.

Writing in the feminine also changed the addressor-addressee relationship, for women were now choosing to speak to other women. This produced an intertextuality between women and cast a different light on the great ideological currents which, under the names of Marxism, counter-culture and psychoanalysis, traversed Québec cultural life during the 1970s. In addition, the atmosphere created by the themes characterizing writing in the feminine made it legitimate for a certain number of women to write novels and to write in the broader sense of the term.

Cela dit, on peut affirmer qu'en donnant lieu à des textes de facture hybride dans lesquels on retrouve de brèves interventions narratives à résonance poétique, l'écriture au féminin a pour ainsi dire entraîné une deuxième génération d'écrivaines à privilégier le récit sous forme d'ébauches et d'esquisses où la préséance est donnée au je de la mémoire de la petite enfance ainsi qu'à un je introspectif de plus en plus isolé de l'histoire et des solidarités.

This being said, we can claim that by generating hybrid texts containing only brief narrative interventions with a poetic resonance, writing in the feminine has, so to speak, led a second generation of women writers to preferring the story in the form of quick sketches and outlines, where precedence is given to the I of childhood memory as well as to an introspective I increasingly isolated from history and solidarities.

Aussi, on peut penser que l'écriture au féminin a simultanément eu pour effet de faire obstacle au romanesque tout en faisant du roman une tentation permanente. Car, si d'une part, elle encourage des récits permettant de retracer les histoires censurées de la petite fille, de l'adolescente et de la femme; d'autre part, par sa tendance à engendrer des textes hybrides, par la brièveté des éléments de narration, par la préséance accordée à l'univers du moi, elle court-circuite la formation de ces univers complexes et fascinants que l'on dit romanesques, univers que l'on sait par ailleurs être fort bien alimentés par la matière autobiographique.

One may also claim that writing in the feminine has simultaneously had the effect of hindering the novelistic while making the novel an ongoing temptation. For if, on the one hand, it encourages narratives that make it possible to retrace the censored stories of the little girl, of the adolescent and of the woman, on the other hand, because of its tendency to generate hybrid texts, because of the brevity of the narrative elements and of the precedence given to the realm of the self, it short-circuits the formation of those complex and fascinating worlds termed novelistic, worlds known to be, nonetheless, steeped in autobiographical matter.

Je parlais. Je parlais. Une fois de plus, je m'étais laissée emporter par mon désir de ne pas désespérer au milieu du réel. Avec mon incorrigible naïveté, je continuais de voir la littérature comme une chose grave s'apparentant à la complexité du désir. Oui, même au milieu du désenchantement et de l'indifférence, on devrait pouvoir se réapproprier le monde, fut-il en ruines ou encombrant comme un trop-plein de savoir nous laissant perplexes devant l'espèce humaine. C'est parce que la littérature isole en nous le meilleur qu'elle suscite une résonance. C'est parce que la littérature isole l'écrivain/e qu'elle exige en retour un accroissement de son champ de vision.

I was talking and talking. Once again, I had let myself be carried away by my desire to not despair at the core of the real. In my incorrigible naivety, I continued to view literature as something grave resembling the complexity of desire. Yes, even surrounded by disenchantment and indifference, one should be able to reclaim the world for oneself, be it in ruins or as cumbersome as an overload of knowledge leaving us perplexed about the human species. Because literature isolates the best in us, it creates a resonance. Because literature isolates writers, in return it requires of them an expansion of their fields of vision.

Je m'interrompis un moment, absorbée dans mes pensées. La féministe en profita pour affirmer que femme, féministe ou lesbienne, nous étions à la remorque d'un imaginaire essentiellement produit par une subjectivité masculine, subjectivité qui, à travers les âges, avait monopolisé l'espace sémantique de l'histoire, de la réalité et de l'imaginaire, truffant cet espace de référents d'où nous étions absentes ou, si présentes, monstrueuses, fatales ou déshumanisées. Elle poursuivit avec beaucoup de conviction: parce que nous sommes exilées de nous-mêmes dans la langue et l'imaginaire de nos cultures respectives, nous ne pouvons pas faire un usage naïf de ces outils indispensables à la conscience de soi et du monde. Dans une certaine mesure, nous sommes condamnées à élucider l'insoutenable posture qui est la nôtre au milieu des images qui reflètent notre exclusion, notre fragmentation, au cœur des contradictions qui ne sont pas nôtres, mais dont nous faisons les frais et qui nous plongent dans l'ambivalence, la double contrainte, la culpabilité, le doute, l'autocensure. Inutile de prendre la parole pour renforcer les paysages du statu quo. C'est

I interrupted myself for a moment, absorbed in thought. The feminist took the opportunity to assert that as woman, feminist, or lesbian, we were being towed along by a way of imagining essentially produced by male subjectivity, a subjectivity which, throughout the ages, had monopolized the semantic space of history, of reality and of imagination, cramming this space with referents from which we were absent or, if present, were monstrous, *fatales* or dehumanized. She went on very convincingly: because we are exiled from ourselves in language and the imaginary landscape of our respective cultures, we cannot naively make use of these tools which are vital to the consciousness of self and of the world. To a certain extent, we are sentenced to elucidating our unbearable posture amid images that reflect our exclusion, our fragmentation, amid contradictions that are not ours but for which we pay the price, and that sink us into ambivalence, the double-bind, guilt, doubt, self-censorship. There is no point in speaking up to reinforce the landscapes of the status quo. It is through Man's fiction

par la fiction de l'Homme que nous sommes devenues fictives, sortons de la fiction par la fiction. Nous existerons dans le récit que nous inventerons. Mais il faudra de formidables colères, un désir plus fou que tous les désirs surréalistes, une curiosité qui oblige à commettre de terribles indiscrétions, à poursuivre de difficiles enquêtes. Il faudra apprendre à dépasser les bornes.

that we have become fictional, so let us exit fiction via fiction. We will exist in the story of our own design. But we will need formidable anger, desire more wild than all the Surrealist desires put together, curiosity such that it leads to committing terrific indiscretions, to pursuing difficult inquiries. We will have to learn to go too far.

Le radicalisme de cette femme me plaisait. En comparaison, la gentillesse et l'ouverture d'esprit de la romancière me semblaient un peu fades.

I liked this woman's radicalism. Compared to her, the novelist's niceness and open-mindedness seemed a bit tame.

Je suis une femme du présent. Sans doute la romancière est-elle plus sage que je ne l'imagine, mais elle me donne l'impression d'être fade parce que la prose l'oblige à tergiverser, à tourner autour du sujet. Elle accumule trop de «il me semble,» de «peut-être» et de «sans doute» comme des relais qui obligent à la tolérance, à la patience, comme des jalons qui permettent de nuancer, de négocier, de peser le pour et le contre.

I am a woman of the present. The novelist is no doubt wiser than I imagine, but she gives me an impression of tameness because prose forces her to procrastinate, to skirt around the subject. She accumulates too many "it seems to me"s, "maybe"s and "no doubt"s, like way-stations compelling her to tolerance and patience, like markers along the road making it possible to nuance, to negotiate, to weigh the pros and cons.

J'aime exister en direct, que l'écriture déclenche des frissons face aux énoncés radicaux, aux licences syntaxiques et grammaticales, aux audaces sémantiques. J'ai besoin de sensations fortes pour bien penser. J'ai besoin de trembler de la tête au pied, oui, j'ai besoin de cette sensation qui ressemble à une excitation sexuelle. J'ai besoin que cela me monte à la tête.

I love to exist "live," I love for writing to provoke shiverings triggered by radical statements, by syntactical and grammatical licences, by semantic acts of daring. I need this kind of shivering to think sharply. I need to feel this shivering from head to toe, yes, I need this specific feeling which has something to do with sexual arousal. I need it to go to my head.

Il commençait à se faire tard. La romancière et la féministe prirent congé de nous et je me retrouvai à nouveau seule avec elle. Elle proposa de poursuivre la conversation dans un endroit qui restait ouvert toute la nuit. Elle fit remarquer que dans le feu de la conversation, nous n'avions pas dansé et que c'était bien dommage. Je me rappelai alors les nombreux passages de ses romans où des femmes dansaient, enlacées, joue contre joue, tempe contre tempe comme pour échanger leurs pensées dans la fluidité de la musique et du désir qui multiplie les champs d'intérêt et les transforme en chant de reconnaissance.

It was getting late. The novelist and the feminist left and I found myself alone with her once again. She suggested we continue the conversation in an all-night restaurant. She noted that in the heat of conversation, we had not danced together and this was quite unfortunate. I then recalled the many passages in her novels where women dance together, closely, cheek to cheek, temples touching as if to exchange thoughts in the fluidity of the music and the desire multiplying fields of interest, transforming them into songs of recognition.

Je suis une femme du présent et, je l'avoue, présentement je désire que ces femmes en train de converser à la sortie d'un bar, échangent un long, savoureux, délicat, passionné french kiss, là je veux dire dans la nuit très chaude de juillet, un baiser entre les mots, au milieu d'une conférence, un baiser entre signes et symboles qui éloignerait les bruits de la ville, le tourment de l'écriture, une baiser là qui ferait légèrement pencher les têtes du côté de l'imaginaire. Un baiser là comme un point de repère pour comprendre les imprévus qui, dans la prose, inventent notre réalité, un baiser pour que chaque phrase bascule dans une autre phrase là où cette autre phrase aurait un parfum très doux comme cela se dit au sortir d'une étreinte.

I am a woman of the present and presently, I admit it, I desire that these two women talking together as they leave the bar exchange a long, juicy, delicate, passionate French kiss, there, I mean in the very hot July night, a French kiss between words, in the middle of a lecture, a French kiss between signs and symbols to ward off city noises, the torment of writing, a French kiss there which would incline heads slightly towards imagining. A French kiss there like a point of reference to understand the unforeseen which, in prose, invents our reality, a French kiss to make every sentence topple into another one, there where that other sentence would have a very tender fragrance, something like after an embrace.

Dans le taxi qui remontait la rue Saint-Laurent vers le nord, elle parla lentement, très doucement. Je pensai d'abord qu'elle était plus fatiguée qu'elle ne le croyait. Non, ce n'était pas la fatigue, c'était comme une petite montée de nostalgie fiévreuse qui lui faisait parler de beauté et d'éternité. Les mots circulaient, allaient se lover dans le passé, se réinstallaient dans le présent, s'étiraient comme un bras de mer en une étrange composition lexicale dans laquelle, elle mixait les mots crânes, voie lactée, artères urbaines, aurores boréales, désert, Renaissance, tango. Puis d'autres mots lui sont venus, plus contemporains comme hologramme, interface, réalité virtuelle, plus actuels comme Sarajevo, Rwanda, plus anciens comme torture ou guerre ou sexe. Je l'imaginai au cœur de son prochain roman et je me gardai bien d'intervenir dans le déroulement du spectacle qui défilait en elle.

In the taxi heading north on St-Laurent, she spoke slowly, very softly. At first I thought she was more tired than she realized. No, it wasn't tiredness, it was something like a slight rise of fevered nostalgia making her talk about beauty and eternity. Words circulated, now coiling up in the past, now reentering the present, stretched out like an ocean sound in an odd lexical composition in which she mixed the words skull, milky way, urban arteries, aurora borealis, desert, Renaissance, tango. Then other words came to her, more contemporary ones like hologram, interface, virtual reality, more current ones like Sarajevo, Rwanda and others more ancient such as torture or war or sex. I imagined her deep into her next novel and was very careful not to interrupt the spectacle unfolding inside her.

En sortant du taxi, elle dit d'un ton qui me sembla tout à la fois pompeux, grave et désespéré: «Vous savez, la violence comme la fiction est sans limite. Il est faux de croire que la violence existe en dehors des mots, qu'elle soit à l'abri du sens.»

As we got out of the taxi, she said in a tone that seemed at once pompous, grave and desperate: "You know, violence is like fiction, it has no limits. It's a mistake to believe that violence exists outside words, that it is beyond meaning."

Je suis une femme du présent et, je l'avoue, je fais tout pour comprendre comment les hommes peuvent se déclarer fils de pute, enfant de chienne, fils de mauvaise mère et fils de Dieu dans la même phrase. Je fais tout pour bien «piger» le sens des mots, mais je manque de vocabulaire pour décrire la variété des objets que depuis des siècles on enfonce dans le vagin des femmes. Je manque de patience pour essayer de comprendre ce que ressentent les hommes violents. Je manque d'image pour décrire ce qui se passe dans la tête d'un fils de Dieu quand il enfonce son couteau dans la gorge d'un autre fils de Dieu. Je manque de subtilité pour décrire la diversité des odeurs émanant des corps pourrissant dans les chambres à torture, sur l'asphalte, dans le désert ou au cœur de la forêt. Je manque de culture pour décrire l'explosion de joie, la sensation de grande liberté démocratique qui monte en celui-là the guy who buys a machine gun, just in case life doesn't turn out his way. *Je me perds en conjectures pour comprendre* why death is like a brainwashed man all over the place. *Je n'écrirai pas ce roman.*

I am a woman of the present and I admit it, I do everything I can to understand how men can call themselves sons of whores, sons of bitches, bad mothers' sons and sons of God all in the same breath. I do everything I can to truly "get" the meaning of words, but words fail me when it comes to describing the variety of objects which for centuries have been rammed into women's vaginas. Patience fails me when it comes to understanding what violent men feel. Images fail me when it comes to describing what goes on in the mind of a son of God as he drives his knife into the throat of another son of God. Subtlety fails me when it comes to describing the diversity of smells emanating from bodies rotting in torture chambers, on pavement, in the desert or deep in the forest. I haven't the culture necessary to describe the explosion of joy, the sensation of great democratic freedom overtaking that one, the guy who buys a machine gun, just in case life doesn't turn out his way.[*] *I can only speculate as to* why death is like a brainwashed man all over the place.[*] *I will not write that novel.*

Il devait être quatre heures du matin lorsque nous sommes arrivées au Lux. La conversation l'amena à parler des auteur/es et des livres qui l'avaient influencée ou, comme elle se plaisait à le dire, qui l'avaient «accompagnée» dans son parcours d'écriture. Elle alluma une cigarette, la première de la soirée, comme s'il y avait un rapport entre la cigarette et le monde étrange des livres, comme si une seule cigarette avait le pouvoir de nous transporter vers d'anciens cafés, somptueusement décorés de miroirs reflétant des images de désir ou reflets nombreux de soi comme pour nous initier à la représentation.

It must have been four in the morning when we arrived at Lux. The conversation led her to talking about the writers and books that had influenced her or, as she liked to put it, had "accompanied" her on her writing journey. She lit a cigarette, the first one of the evening, as if there was a connection between cigarettes and the strange world of books, as if a single cigarette had the power to transport us back to olden cafés sumptuously decorated with mirrors reflecting the images of desire or multiple reflections of oneself, as if to initiate us to representation.

Pendant des années, elle n'avait lu que des romanciers français, ce qui lui avait valu, à vingt ans, de mieux connaître les rues de Paris que celles de Montréal. Quand elle lisait des auteurs américains, elle les lisait en traduction française, car si un livre devait l'exciter, il l'exciterait en français. Elle lisait pour écrire. Aussi dans sa tête, le roman fut-il longtemps français. Même écrit par Dos Passos, Faulkner, Steinbeck, Hemingway ou Pearl Buck. Un seul auteur fit exception à la règle: Jack Kerouac qui, par définition, ne pouvait être lu qu'en américain. Mais aucun de ces auteurs ne l'influença réellement. Ce n'est que beaucoup plus tard qu'elle découvrit les livres de deux romancières pour lesquelles elle eut un véritable coup de cœur: Djuna Barnes et Gertrude Stein. Dans les deux cas, et cela malgré la différence qui existait entre elles, elle fut séduite par l'écriture, par une intelligence du langage, par les ruses magistrales employées par Stein pour dire et ne pas dire ce qui d'évidence est ce qui est, ne sera pas; par la complexité des questions soulevées avec humour et passion chez Barnes. *Ida* et *Nightwood* tournent encore

For years she had read only French novelists and so, at twenty, she was more familiar with the streets of Paris than with those of Montréal. When she read American authors, she read them in French translation, for if a book was to excite her, it would excite her in French. She read in order to write. And so for a long time, in her mind, the novel was French. Even when written by Dos Passos, Faulkner, Steinbeck, Hemingway or Pearl Buck. The only exception to this rule was Jack Kerouac who, by definition, could only be read in American. But none of these writers truly influenced her. It was only much later that she discovered the books of two novelists who made her heart throb: Djuna Barnes and Gertrude Stein. In both cases, and this despite the difference between them, she was seduced by the writing, by an intelligence of language, by the masterful ruses employed by Stein to say and to not say that which obviously is what is, will not be; by the complexity of the questions raised by Barnes with humour and passion. *Ida* and *Nightwood* still swirled in her head like magic formulas which the lesbian in her

dans sa tête comme des formules magiques que la lesbienne en elle reconnaît dans un bonheur de lecture. Parmi les autres romancières qui faisaient partie de sa géographie littéraire, elle mentionna Carson McCullers et la Jane Bowles de *Two Serious Ladies*.

recognizes as a joy of reading. Among the other novelists composing her literary geography she mentioned Carson McCullers and the Jane Bowles of *Two Serious Ladies*.

Plus tard, il y eut les livres de Borges, de Cortázar, *Paradiso* de Lezama Lima, *Alexandra* de Sabato mais il y eut surtout le monde fascinant de Clarice Lispector. Elle disait aussi qu'il lui était arrivé d'envier Octavio Paz et Carlos Fuentes d'appartenir à un pays dont l'histoire et la mythologie s'offraient comme des sources inépuisables de spectacles. Aujourd'hui, il y avait la poésie de Jaime Sabines, les romans de Margo Glantz, Cesar Aira, de Grizelda Gambaro et de Diamela Eltit qu'elle avait lus tantôt en français, tantôt en anglais et qu'elle aspirait toujours à lire en espagnol. Et puis sans trop que je ne comprenne pourquoi, elle me parla de Georgia O'Keefe et de Frida Kahlo.

Later on came books by Borges, by Cortázar, Lezama Lima's *Paradiso*, Sabato's *Alexandra*, but more especially the fascinating world of Clarice Lispector. She said also that occasionally she had envied Octavio Paz and Carlos Fuentes for belonging to a country whose history and mythology offered themselves as inexhaustible sources of spectacle. Today there was the poetry of Jaime Sabines, the novels of Margo Glantz, Cesar Aira, of Grizelda Gambaro and of Diamela Eltit, some of which she had read in French, others in English, and which she still longed to read in Spanish. And then, though I'm not exactly sure why, she talked to me about Georgia O'Keefe and Frida Kahlo.

Dans le chassé-croisé des cultures, des langues et des œuvres, quelle est donc cette fascination, ce vague sentiment de reconnaissance qui, s'infiltrant subrepticement dans la conscience, métamorphose nos référents familiers en scènes fabuleuses, en tableaux initiatiques? Fallait-il vraiment établir une distinction entre l'excitation que suscitaient certaines écritures et l'émotion dans laquelle d'autres la plongeaient. Certes, elle savait distinguer entre ce qui chez Stein l'excitait, ce qui chez Barnes l'émouvait, mais comment préciser ce qui chez Lispector la plaçait dans un tel état de tension qu'elle ne pouvait lire que quelques pages à la fois, prise d'une soudaine envie d'écrire.

In the cross-currents of cultures, languages and bodies of work, what is this fascination, this vague sense of recognition which, by subtly infiltrating consciousness, transforms our familiar referents into fabulous tableaux, into scenes of initiation? Was it really necessary to establish a distinction between the excitement stirred by certain kinds of writing and the emotion into which others threw her? Certainly she was capable of distinguishing between what in Stein excited her, what in Barnes moved her, but how to specify what it was in Lispector that plunged her into a state of such tension that she could read only a few pages at a time, overcome with a sudden urge to write?

Où et comment s'exerce ce que nous appelons l'influence d'une littérature étrangère? A travers des auteurs, des livres fétiches, l'image mythique de toute une littérature, ou à travers une inexplicable fascination pour un pays, une culture, un continent qui soudain se met à vivre en vous, exerçant son autorité comme une mémoire antérieure, une nécessité qui brûle le réel autour de vous, s'y confond, dessine un nouvel horizon qui, à son tour, relance l'énigme de la première fascination? La question resta en suspens mais bientôt elle se ravisa et finit par déclarer: c'est dans l'écriture que tout arrive.

Where and how does what we call a foreign literature's influence act upon us? Through authors, through books that put the touch on us, the mythical images of an entire literature, or through an inexplicable fascination for a country, a culture, a continent that suddenly comes alive inside us, exerting its authority like an earlier memory, a necessity that burns the real around us, merges with it, maps a new horizon which, in turn, reactivates the enigma of the initial fascination? The question remained, but she soon thought better of it and finally declared: everything happens in writing.

Je suis une femme du présent. Raconter n'est pas mon affaire. Je me réserve pour le présent. Je n'aspire qu'à être contemporaine au milieu des siècles, des cultures, contemporaine avec l'imagination du désir et de l'intelligence qui oblige chaque fois à recommencer l'éternité très charnelle au milieu des mots et des livres.

I am a woman of the present. Storytelling is not my business. I reserve myself for the present. I aspire only to be contemporary among the centuries and cultures, contemporary with the imagination of desire and intelligence that makes it necessary, every time, to begin a strongly embodied eternity all over again among words and books.

Il devait être six heures du matin, lorsqu'une femme est entrée dans le restaurant. Nous nous sommes alors exclamées en même temps: comme elle vous ressemble! La femme s'installe à une table au fond. Tout au fond. Elle sort un grand cahier, deux stylos qu'elle dépose délicatement sur la table. Elle commande un café. Allume une cigarette. Du regard, elle fait un tour de salle, puis elle plonge entre le ciel et la mer dans son grand cahier. Dehors il fait maintenant grand jour.

It must have been six in the morning when a woman entered the restaurant. We both exclaimed at the same time: she looks just like you! The woman sits at a table in the back. Way in the back. She pulls out a large notebook and two pens which she carefully places on the table. She orders coffee. Lights a cigarette. Glances around the room then dives between sea and sky into her big notebook. Day is now dawning.

J'écris là où le rêve fuit, quand il remonte les contours de l'ombre. J'écris là où le rêve tourmente, me contraint à trier parmi les mots, ceux-là mêmes qui se dérobent parce que trop réels sous leur allure de fiction. J'écris partout où la vie va son parcours de répétition, là où elle s'acharne à reproduire la forme atavique de l'angoisse, à s'inventer un futur dans les variables du désir. J'écris pour faire acte de présence dans la langue. Pour que le vivant l'emporte. Pour que, dans l'épreuve du vivant, les mots soient fureur d'où jaillissent mille présences suggestives qui tombent bien au milieu des pensées.

I write where dreams slip away, when they stream up the contours of shadows. I write where dreams torment me, force me through words to sift out the very ones that slip away because too real under their fictional guise. I write everywhere life follows its course of repetition, where it relentlessly reproduces the atavistic form of anguish, invents a future in the variables of desire. I write to make a statement of presence in language. In order for the alive *to win out. So that, in the ordeal of the* alive, *words be the lust sparking a thousand provocative presences that fall into place in the middle of thoughts.*

J'écris parce que c'est dans la langue qu'il faut deviner, gagner notre humanité. J'écris parce que le présent est incommensurable, habité en permanence d'aubes et de nuits, de siècles et de cultures. Précieux présent qui garde les sens en alerte, présent comme un récit au milieu des comparaisons, présent qui fait son miroir, présent qui traque en nous le personnage.

I write because it is in language that we must guess at and earn our humanity. I write because the present is immeasurable, permanently inhabited by dawns and nights, by centuries and cultures. Precious present that keeps the senses alert, present like a story among similes, present that is its own mirror, present that tracks down the character in us.

Six heures trente du matin. Le restaurant est désert. Les femmes que j'avais remarquées à mon arrivée sont maintenant parties.

Six-thirty a.m. The restaurant is empty. The two women I noticed when I arrived have left.

J'écris en pensant à mon prochain roman. Elle sera personnage, me surprendra à chaque phrase. Je m'occuperai des phrases. Je serai farouche dans la langue. Intraitable. Elle sera patiente devant le monde, parfaitement désirable comme une héroïne. Elle sera poète. Je ne céderai pas à la vraisemblance là où le malheur est toujours trop près des femmes. I want this she alive.

As I write, I think about my next novel. She will be a character, she will astonish me with every sentence. I will handle the sentences with care. I will be fierce in language. Uncompromising. She will be patient before the world, perfectly desirable like a heroine. She will be a poet. I will not give in to life-likeliness, where unhappiness always closes in on women. I want this she alive.[*]

Sept heures du matin. Sherwood Anderson disait: «Je ne sais pas ce qu'est la réalité, je suis un homme d'imagination.» J'écris: je sais ce qu'est la réalité parce que je suis une femme d'imagination.

Seven o'clock in the morning. Sherwood Anderson wrote: "I don't know what reality is, I am a man of imagination." I write: I know what reality is because I am a woman of imagination.

Dehors, les bruits de la circulation. La vie fait sens un matin de plus. Dans quelques instants, j'existe encore au présent. Maintenant, elle ferme son cahier de notes, se lève, se dirige vers la sortie du Lux. Dans le matin ensoleillé de juillet, je pense à mon prochain roman comme on dit, je médite une forme, je me réfléchis ou je l'imagine quelques mots plus loin, quelques mois plus tard, c'était dans une salle de conférence, elle était sur le point de terminer la lecture de son texte en disant: «Écrire *je suis une femme* est plein de conséquences.»

Outside, traffic noises. Life is meaning once again this morning. In a few moments, I still exist in the present. Now she closes her notebook, gets up, heads out of Lux. In the sunny July morning, I am thinking about my next novel the way one says I am meditating a form, I am self-reflecting or I am imagining her a few words farther on, a few months later, it was in a lecture hall, she was just about to finish giving her paper, saying: "To write *I am a woman* is full of consequences."

NOVELSHE.NB
(suite)
p9

From 1975 to 1982, writing in the feminine literally propelled
into Québec literature anger(s) and utopia(s) that generated a
diversified and original approach of themes such as the body,
daily life, memory. In working to demystify patriarchal reality
and to deconstruct heterosexism, writing in the feminine was
forced to rethink "the truth" and thus to ... a new
(redistribution/ apportionment of reality and of fiction. It is
within this new app)red... of the "surfaces of sense" that we
must understand the boundary crossings between genres the
slippage of genres which it has contributed/promoted. If a
questioning of traditional genres must be attributed to Québec
modernism, writing in the feminine must be credited with a
decompartmentalization of genres, without which the feminine I
could not have simultaneously expressed its sensibility, voiced
its dissidence and explored the (of an individual and plural
memory.
Writing in the feminine, it must also be said,
changed the rapport d'adresse, ... for women were choosing other
women as addressees. It prompted an intertextuality between women
and cast a different light on the great ideological currents
which, under the names of Marxism, counter-culture and
psychoanalysis, traversed Québec cultural life during the
Seventies. the atmosphere created by the
themes of writing in the feminine a certain
number of women to write novels and to write in the broader sense
of the term. This being said, that generating texts
hybrid character featuring only brief narrative interventions

with a poetic resonance, writing in the feminine has/so to speak/
ed a second generation of women writers to prefer the story in
the form of quick sketches and outlines, where precedence is
given to the I of childhood/memory as well as to an introspective
I increasingly isolated from history and solidarities.
One can also think that writing in the feminine has
simultaneously had the effect of setting up a block/blocking the

NOTES

i. *Le Désert mauve*. Éditions de l'Hexagone: Montréal, 1987.

ii. *Ultrasons*, en *La nuit verte du Parc Labyrinthe*. Éditions Trois: Laval, 1991.

iii. *Picture Theory*. Éditions Nouvelle Optique: Montréal, 1982; Éditions de l'Hexagone, Collection Typo: Montréal, 1989.

iv. *Ultrasons*.

v. «Une langue humiliée,» André Langevin. *Liberté*: Montréal, nos. 31-32 (mars-avril) 1964.

NOTES

* In English and italics in the original.

i. *Mauve Desert*, translated by Susanne de
Lotbinière-Harwood. Coach House Press: Toronto, 1991;
McClelland and Stewart: Toronto, 1998.
ii. *Ultrasounds*, in *Resurgent*, edited by Lou Robinson and
Camille Norton. University of Illinois Press, 1992.
Re-translated for this text by Susanne de Lotbinière-Harwood.
iii. *Picture theory*, translated by Barbara Godard. Guernica:
Montréal, 1991.
iv. *Ultrasounds*, see above.
v. "Une langue humiliée," André Langevin. *Liberté*: Montréal,
nos. 31-32 (March-April) 1964. Excerpt translated by Susanne
de Lotbinière-Harwood.

Cette conférence a été présentée en tout ou en partie: le 22 septembre 1992 à l'Université du Colorado, Boulder; le 17 octobre 1992 à l'Université Temple, Purdue, Illinois; le 11 août 1993 à Turku, Finlande, dans le cadre des Études canadiennes; le 11 novembre 1993 à l'Université de l'Arizona, Tuscon; le 3 avril 1994 à York, Angleterre, dans le cadre des Études canadiennes; le 2 novembre 1994 à l'Université Trent, Peterborough, dans le cadre de la conférence Margaret Laurence; le 13 janvier 1995 à l'Université de l'Alabama, Tuscaloosa; le 3 novembre 1995 à l'Université de St. John's, Terre-Neuve; le 19 avril 1996 à Montréal, dans le cadre de NEMLA; le 8 novembre 1996 à Sitges, Espagne, dans le cadre des Études canadiennes; le 20 février 1997 à l'Université de Columbia, New York; le 4 avril 1997 à l'Université de Leipzig, Allemagne; le 15 avril 1997 à l'Université de Mason, Fairfax, Virginie; le 17 avril 1997 à l'Université Dominion, Norfolk, Virginie; le 26 mai 1997 à l'assemblée générale du Writers' Union of Canada, Toronto; le 4 octobre 1997 à Milazzo, Sicile, dans le cadre des Études canadiennes; le 29 octobre 1997 à l'Université Georgetown, Washington, D.C.; le 13 novembre 1997 à l'Université Duke, Durham, Caroline du Nord; le 11 mars 1998 à l'UQÀM (Université du Québec à Montréal).

This paper was presented in whole or in part on: 22 September 1992 at the University of Colorado, Boulder; 17 October 1992 at Temple University, Purdue, Illinois; 11 August 1993 in Turku, Finland, under the aegis of Canadian Studies; 11 November 1993 at the University of Arizona, Tuscon; 3 April 1994 in York, England, under the aegis of Canadian Studies; 2 November 1994 at Trent University, Peterborough, as part of the Margaret Laurence Conference; 13 January 1995 at the University of Alabama, Tuscaloosa; 3 November 1995 at the University of St. John's, Newfoundland; 19 April 1996 in Montréal, under the aegis of the NEMLA; 8 November 1996 in Sitges, Espagne, under the aegis of Canadian Studies; 20 February 1997 at Columbia University, New York; 4 April 1997 at the University of Leipzig, Germany; 15 April 1997 at Mason University, Fairfax, Virginia; 17 April 1997 at Dominion University, Norfolk, Virginia; 26 May 1997 at the annual general meeting of the Writers' Union of Canada, Toronto; 4 October 1997 in Milazzo, Sicily, under the aegis of Canadian Studies; 29 October 1997 at Georgetown University, Washington, D.C.; 13 November 1997 at Duke University, Durham, North Carolina; 11 March 1998 at UQÀM (Université du Québec à Montréal).

Cette conférence a été écrite en 1992 pour le Symposium: *Le roman des Amériques* qui s'est tenu à Boulder, Colorado du 18 septembre au 25 septembre, 1992.

...*de mon prochain roman* fait référence à un roman en gestation devenu: *Baroque d'aube*, Éditions de l'Hexagone, Montréal, 1995.

Je remercie le poète Gerry Shikatani pour avoir proposé la publication de ce texte à Beverley Daurio de Mercury Press. Et je remercie Bev pour son enthousiasme et sa lecture attentive de ce texte. Je remercie également Susanne de Lotbinière-Harwood pour sa traduction car je ne voyage jamais sans elle.

This conference paper was written during the year 1992 for the symposium *Novel of the Americas* which took place in Boulder, Colorado, from September 18 to September 25, 1992.

...my next novel refers to what became *Baroque d'aube* which was published by l'Hexagone in 1995. The English translation (*Baroque at Dawn*, translated by Patricia Claxton) was published by McClelland and Stewart, Toronto, in May 1997.

I would like to thank the poet Gerry Shikatani for proposing this text to Beverley Daurio of The Mercury Press. I would also like to express my gratitude to Bev for her enthusiastic response to the text as well as for her thoughtful reading of the text. I also thank Susanne de Lotbinière-Harwood for her wonderful translation and also because I never travel without it.